This activity journal is to be enjoyed alone or with other members of your sorority.

Enjoy your travel down memory lane.

This book belongs to:

_____

_____

If lost, please contact:

Email: _____

Address: _____

_____

Who Am I?

There were _____ on my initiation line

I was number _____ of my sisters

My sorority line name is

_____

Date of Initiation

I became a member of _____
on, date: _____

I was initiated at/in _____
_____ chapter

Why did you want to become a member of this Sorority?

What was the most memorable about your initiation process?

Who were your "Sisters" who were initiated with You?

Who were your "Big Sisters"?

Who pinned you?

Who are the Sorority Founders?

Why did you want to become a member of this sorority?

What Sorority Sisters have stood out for you in history?

What words describe your sorority?

What are some things that happened in during the year the Sorority was found?

Name: _____ Date: _____

African Violet Word Scramble

1. 22 OALCLEITGE MNOEW _____
2. URITLA _____
3. AAEDCMY _____
4. RNEIAVM CCIERL _____
5. ERSBMHPMIE _____
6. CAEGROU _____
7. ELOGLEC CDEUADET _____
8. SIMODW _____
9. 9 IRLAADNC VSIRUET _____
10. ORYSOTRI _____
11. VEFI OPNTI HSURTT _____
12. BLCKA _____
13. ENGONIP YECMRENO _____
14. ERSATGNE AT MASR _____
15. OORSTESHDI _____
16. LCAERTN EGONRI _____
17. TDALE THOA _____
18. ETNOYHS _____
19. NAIAFLCIN _____
20. HEAPETNL _____
21. DRNEFS'OU AYD _____
22. CFIRAAN VIOTLE _____
23. PEALSR _____
24. LHICOSRHSSAP _____
25. ERSEICV _____
26. EGDLEP _____
27. PDYIMAR _____
28. YARJANU 3,1 1391 _____

African Violet Scramble

Name: _____ Date: _____

1. TLDEA OHTA _____
2. AKBCL _____
3. NLIAIANFC _____
4. HADOWR ITEUINSYRV _____
5. AHHSPIRSOCLS _____
6. ENGETSRA AT ARSM _____
7. MIOSSNI _____
8. IWMDSO _____
9. HCEAPTR TNISDRPEE _____
10. YRUPIT _____
11. NTSHYEO _____
12. CSOMINR ADN CAREM _____
13. 9 NIDLARCA RETSIUV _____
14. GONNEPI YEECORNM _____
15. REHBIMPEMS _____
16. MIRAVNE IRCECL _____
17. PASRLE _____
18. JYAARNU ,31 1391 _____
19. LGLEOEC TEACDUDE _____
20. CRAGEOU _____
21. AGERIOLN IFOECFRS _____
22. RTETFOIDU _____
23. VEFI PTOIN HUSTTR _____
24. MPDYIRA _____
25. EILWHFLPOS _____
26. YMECADA _____
27. SCEIRVE _____
28. 22 LEATLIECOG WNOEM _____

Name: _____ Date: _____

African Violet Word Search

```
S N Y E S C H O L A R S H I P S M I N E R V A C I R C L E C L
W J T N U J J N 9 I I S R E C I F F O L A N O I G E R E K E O
K B E S O L S 2 J A H K S E U T R I V L A N I D R A C 9 O O V
S V L 3 H M I G B J 1 J A 1 T T I N E R K A F 2 A K G F U E L
R M O 1 B N E B H 2 M J P I N D T N N G 1 L F S O O G 1 W C E
9 C I 9 F F N R O C C N 9 U U 9 U O 9 E D D Y C M C H P O B F
1 B V 1 E 2 E R E H O N M Y I M A I V Y O E F E A I A E I 3 L
M G N 3 L H L V W C I U J V A 9 L T V 2 T F L O C J S F K V C
C E A 1 L L E 1 I H G R R M P S U C C 9 A I U P R I 1 S B M S
C 2 C Y O U P N S Y N N O A I E P A O R O I R C I T V I I A W
2 U I R W A H H D 9 I D I S G E N L I C E J F U M H I R I O E
B B R A S 1 A W O S S 3 T N 2 E L A 2 D M O D 1 P C 9 T E B N
E 2 F U H L N 1 M I 3 E O M E U G I 9 K 3 H S L H A D R U S E
K U A N I D T W W 2 R I Y A A P O C W E N 2 P A S P 9 W Y D 9
C K 2 A P 2 Y F H H G B 2 T G Y O O W I 2 E P H O K B R 9 A E
D E F J Y J O O O E 1 C E B I F F S D C R T G F P 3 W J T 9 G
3 C 3 9 V H N O R B E K I Y A R E I O 9 E L A I C N A N I F 2
J H M D C E D L 3 C 3 F Y S D R O L V R L 2 E S F 2 1 3 A O V
P G U R S M A 3 D I O 9 1 2 G V L R P E I T 9 I J F O A Y I M
H W O T Y R T D G E G W Y E H E F R O M P F F V S A 1 E C M I
T T Y M T K K M T L J H A Y G O E P F S D O G Y M 3 C B B L B
A U R N E M F P K T I N W I U S R 2 W H T J I H M N W E V N S
O F E R V M E M R Y T L A N I F R 3 O L N M I N 1 2 H R U B E
A C N A A C B C T A A T D D J J L O H S L 1 G P T B 1 E T A V
T G A C B D C E T K E E E P W Y M E D A C A T B E T N 9 O 2 O
L J L R C L E A R W R N F Y R G W U P 3 A U V G N A H 2 F I F
E 3 I L B N R R O S T 9 L R R A D P B L A C K F K A R R D B 3
D T K J E M D M D R H O W A R D U N I V E R S I T Y L L U K O
A E 1 V S K E A 9 B D I I M P S O M H I P K A V D A I 3 S S 2
C A D N B N Y L 9 U O O P I J C R I M S O N A N D C R E A M T
N A 1 I B A W 3 V G A 2 M D E T A C U D E E G E L L O C M K J
```

22 Collegiate Women	9 Cardinal Virtues	Academy	African Violet	Black
Central Region	Chapter President	College Educated	Courage	Crimson and Cream
Delta Oath	Elephant	Fellowship	Financial	Five Point Thrust
Fortitude	Founders' Day	Honesty	Howard University	January 13, 1913
Membership	Minerva Circle	Mission	Opening Ceremony	Pearls
Pledge	Purity	Pyramid	Regional Officers	Ritual
Scholarships	Sergeant at Arms	Service	Sisterhood	Social Action
Sorority	Torch of Wisdom	Wisdom		

Name: _____   Date: _____

African Violet Word Search

```
T O R C H O F W I S D O M S E R V I C E P E A R L S S O W U Y
A P I H S W O L L E F M R E G I O N A L O F F I C E R S D 9 O
V S S O C I A L A C T I O N O I G E R L A R T N E C L E 1 D K
N L Y H H S V M R 3 M M C T 2 F G P M L R 2 O A B R T H J M R
H 1 1 F D O E M N 9 1 H Y 9 S I L S T 9 I F S 1 R A N 1 S V 9
O P B A 3 M N U W H T 9 D T D U 3 S C 1 O I H D C N F D N K 1
D O F N K I D E T J M H 1 T I 3 R R E P 9 W E U P J S R 9 O O
9 2 L H O K F A S R 9 9 N 3 1 S I H E R 1 D D W M D 1 P 9 F F
A Y 1 2 2 I V 1 W T I V 3 W 1 M R N T D G E I T 3 1 1 S D D D
T T V S F M D 1 E G Y V I C S Y I E L T E E E M M O S O M N 9
C Y D E G D E L P S R S L O 9 N R A V G N I A B A B 9 S 1 E Y
9 C C N L I J U P S D O N A G D Y A E I D I Y N Y R M W I Y Y
V A G E 2 R D F L O R A T C N P C L U H N Y O 2 T I Y V A O V
N I S M 2 I R B M P N N E H V I L O N N J U W P O A W P 1 J N
E C H O N T U H E D A R 3 A D O D 3 U F A Y D C E R T Y S I D
U Y 1 W T U N 1 C H E N T P C 3 K R O R V J M R E V T A P Y R
9 I S E H A G R P M Y N I T M W V U A T A J K E A I I L R V W
P A G T V L E E O J E Y W E O T N E A C 9 G G O R W I F T M M
K W J A O A L N R N J M M R S D D E H G 9 L E U W G O L D A S
N S U I M E Y Y O F I B B P E C H G L R B G P 2 F M J H O 1 T
N M I G M M S L T O E O I R S N G T 2 C R C G B T E A D O P F
9 G I E Y R L F R R J H S E 2 L Y O A U R P Y O P D E S H V U
2 G A L A A K P S A S D U S V T R B H O A I U R B U U A R K T
Y D 1 L M F R H C R A J 1 I 3 S G 3 D W A R C W Y T 9 A E V R
S T 1 O K W I 3 A Y M V A D 3 G R 1 E 1 G T O A K I Y M T I S
E L 9 C Y P B L M H L H V E 9 9 T J Y A I R L L V T 9 J S J K
A 3 T 2 E M O K R P H H 1 N U 2 A S B K M S U E J R D 2 I W 2
Y R V 2 N H Y E H K R D C T K Y C H 2 V C I E R D O E O S S B
E 3 3 9 C U J F I N A N C I A L M R U A J A C W K F T N Y 1 1
E G 9 S B K V Y B 9 O Y M E D A C A W H K 3 L D W S K Y I D M
T E L O I V N A C I R F A Y T I R O R O S 2 J B B 1 S T Y M I
```

22 Collegiate Women	9 Cardinal Virtues	Academy	African Violet	Black
Central Region	Chapter President	College Educated	Courage	Crimson and Cream
Delta Oath	Elephant	Fellowship	Financial	Five Point Thrust
Fortitude	Founders' Day	Honesty	Howard University	January 13, 1913
Membership	Minerva Circle	Mission	Opening Ceremony	Pearls
Pledge	Purity	Pyramid	Regional Officers	Ritual
Scholarships	Sergeant at Arms	Service	Sisterhood	Social Action
Sorority	Torch of Wisdom	Wisdom		

Name: _____ Date: _____

African Violet Word Search

```
T S 3 P D H Y Y E T 1 A K S D 1 3 M B V L S B N Y B T B 9 B C
L O 1 J M D 2 Y I T A J F 2 O I I W H G D J W G K O I H H U T
W E 9 J B I 2 U B T D H C R M C T Y E E F S U M E I H T N C M
U Y 1 E N D N L H S C G N E I S I 1 2 G R W 1 9 V K 1 A H O S
V L 3 E N O E E 2 A O D M G U C E A R N A N C Y N B C C S L M
K J 1 Y V V I 2 R W W B I R Y P A T L M R R M L G V I Y Y L R
J S Y 9 A B F G 3 V E O H 9 N C U N 1 A Y G U C U N C T R E A
H A R 9 2 S Y B E R A T R 2 O G U 1 V O C W M O O 2 H I 3 G T
N L A K A F R T S R T C Y M E D A C A I T T F W C P A S T E A
E 2 U C F S L H I N L A I F P R 2 T M I O A I 1 R L P R M E T
F V N A N R I P I R D A D R I G K 2 C K J L D O H E T E 2 D N
9 H A L V P K O M S U O R D C N 9 A V U M T E A N D E V E U A
M R J B R P P 1 R O O P S T O L A I Y U F N H T 9 G R I M C E
Y S E W T E P E H H D C B P N Y E N T R V A O I T E P N A A G
M J V G V 2 D J R 2 H S E 1 R E W I C M J H H F C L R U D T R
H A L I I N 9 E I O B N I C 2 U C N 1 I C P O 1 P C E D P E E
M T F I U O T I L I I A D W A G A U L C A E E J 9 A S R Y D S
W R A O I S N A G N E M O W E T A I G E L L O C 2 2 I A R G E
S H F O I M R A G K E D T S Y 1 D N K S L E J Y B L D W A M F
U 9 D S A S I C L H I O 3 P Y E S P L F O S 2 B M H E O M L O
U M 2 C H T E S H O R O L S 2 S F R D V N H K 2 H D N H I O R
2 C S I Y R L O S C F M R N E D A Y A 9 I O P T R V T U D L T
L U P G E T D E H I K F 3 I J E 2 B I K 2 3 H U P I H V Y 2 I
L S G M J E S O D S O K I T P O A G W E S L D 1 F I T 1 K I T
C G O K G 9 F E O 9 G N 2 C 9 C A R D I N A L V I R T U E S U
G N P T I W V R N E I U M A E R C D N A N O S M I R C E A S D
Y 1 9 T I L O 1 1 O V C V I 9 R R G O N I H V O 1 H N H U L E
R W S S 9 R V U H D H H J M G L S B W H 3 U I V R H R K S O G
N G D M I P P I H S W O L L E F A C J A N C E 9 E I U V W V B
I O Y T F 2 C F F 2 C 9 J N K D 2 E N Y G A E C I V R E S C C
M V Y D Y 3 J W G H G Y G B 1 9 B O O Y D K Y D 3 I D W H C D
```

22 Collegiate Women	9 Cardinal Virtues	Academy	African Violet	Black
Central Region	Chapter President	College Educated	Courage	Crimson and Cream
Delta Oath	Elephant	Fellowship	Financial	Five Point Thrust
Fortitude	Founders' Day	Honesty	Howard University	January 13, 1913
Membership	Minerva Circle	Mission	Opening Ceremony	Pearls
Pledge	Purity	Pyramid	Regional Officers	Ritual
Scholarships	Sergeant at Arms	Service	Sisterhood	Social Action
Sorority	Torch of Wisdom	Wisdom		

Name: _____ Date: _____

African Violet Bingo Card

Service	22 Collegiate Women	9 Cardinal Virtues	Opening Ceremony	Pyramid
College Educated	Financial	Howard University	Torch of Wisdom	Pledge
Five Point Thrust	Purity	**FREE**	Regional Officers	Social Action
Sergeant at Arms	January 13, 1913	Founders' Day	Delta Oath	African Violet
Membership	Ritual	Wisdom	Chapter President	Sorority

Name: _____   Date: _____

African Violet Bingo

Central Region	College Educated	Sisterhood	Elephant	Torch of Wisdom
Sorority	Founders' Day	Delta Oath	22 Collegiate Women	African Violet
Sergeant at Arms	Academy	**FREE**	Regional Officers	Purity
Minerva Circle	9 Cardinal Virtues	Fortitude	Financial	Howard University
Five Point Thrust	Courage	Wisdom	Pearls	Mission

Service	Founders' Day
22 Collegiate Women	Delta Oath
9 Cardinal Virtues	African Violet
Pyramid	Membership Ritual
College Educated	Wisdom
Financial	Chapter President
Howard University	Sorority
Torch of Wisdom	Central Region
Pledge	Sisterhood
Five Point Thurst	Elephant
Purity	Torch of Wisdom
Free	Academy
Regional Offices	Minerva Circle
Social Action	Fortitude
Sergeant at Arms	Courage
January 13, 1913	Pearls
	Mission

Answer Keys

Word Scramble #1

1. 22 OALCLEITGE MNOEW 22 Collegiate Women
2. URITLA Ritual
3. AEDCMY Academy
4. RNEIAVM CCIERL Minerva Circle
5. ERSBMHPMIE Membership
6. CAEGROU Courage
7. ELOGLEC CDEUADET College Educated
8. SIMODW Wisdom
9. IRLAADNC VSIRUET 9 Cardinal Virtues
10. ORYSOTRI Sorority
11. VEFI OPNTI HSURTT Five Point Thrust
12. BLCKA Black
13. ENGONIP YECMRENO Opening Ceremony
14. ERSATGNE AT MASR Sergeant at Arms
15. OORSTESHDI Sisterhood
16. LCAERTN EGONRI Central Region
17. TDALE THOA Delta Oath
18. ETNOYHS Honesty
19. NAIAFLCIN Financial
20. HEAPETNL Elephant
21. DRNEFS'OU AYD Founders' Day
22. CFIRAAN VIOTLE African Violet
23. PEALSR Pearls
24. LHICOSRHSSAP Scholarships
25. ERSEICV Service
26. EGDLEP Pledge
27. PDYIMAR Pyramid
28. YARJANU 3, 1 1391 January 13, 1913
29. OIGEALUR FIESOCRF Regional Officers

Word Scramble #2

1. TLDEA OHTA Delta Oath
2. AKBCL Black
3. NLIAIANFC Financial
4. HADOWR ITEUNSVRY Howard University
5. AHHSPIRSOCLS Scholarships
6. ENGETSRA AT ARSM Sergeant at Arms
7. MIOSSNI Mission
8. IWMDSO Wisdom
9. HCEAPTR TNISDRPEE Chapter President
10. YRUPIT Purity
11. NTSHVYEO Honesty
12. CSOMINR ADN CAREM Crimson and Cream
13. 9 NIDLARCA RETSIUV 9 Cardinal Virtues
14. GONNEPI YEECORNM Opening Ceremony
15. REHBIMPEMS Membership
16. MIRAVNE IRCECL Minerva Circle
17. PASRLE Pearls
18. JYAARNU ,31 1391 January 13, 1913
19. LGELEOC TEACDUDE College Educated
20. CRAGEOU Courage
21. AGERIOLN IFOECFRS Regional Officers
22. RTETFOIDU Fortitude
23. VEFI PTOIN HUSTTR Five Point Thrust
24. MPDYIRA Pyramid
25. EILWHFLPOS Fellowship
26. YMECADA Academy
27. SCEIRVE Service
28. 22 LEATLIECOG WNOEM 22 Collegiate Women
29. TRAULI Ritual

Word Search #1

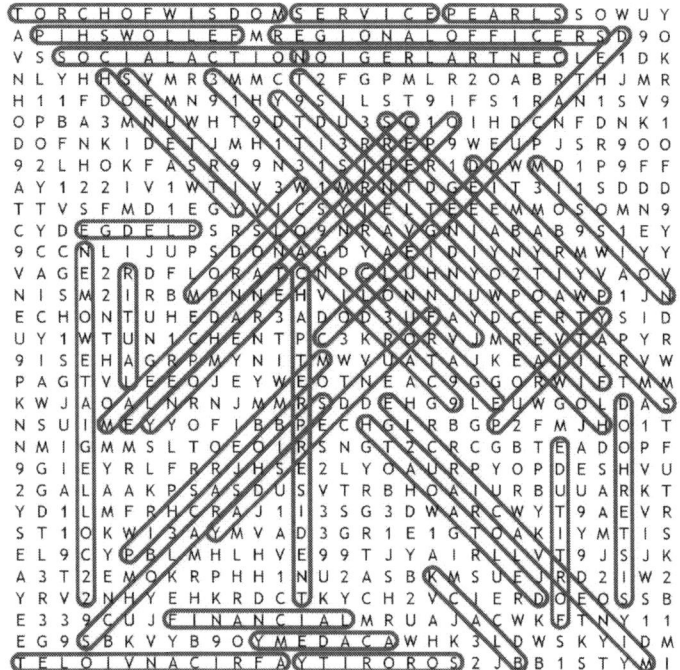

Word Search #2

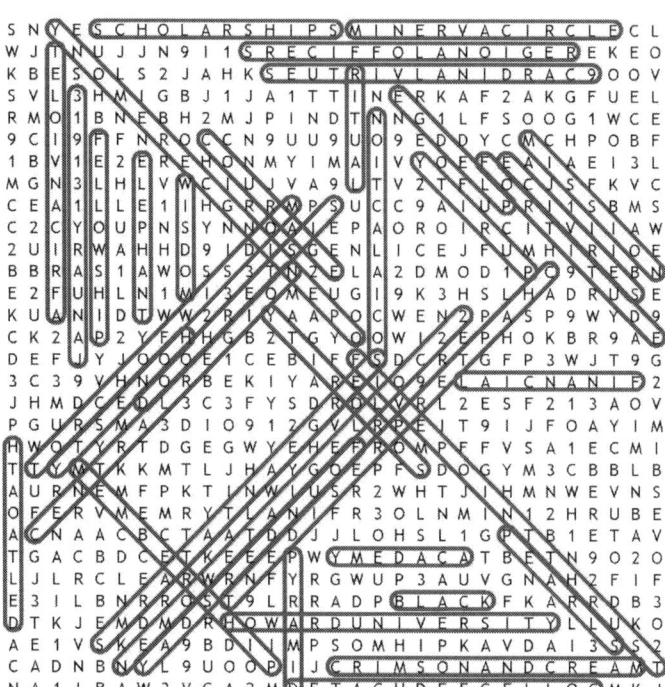

Word Search #3

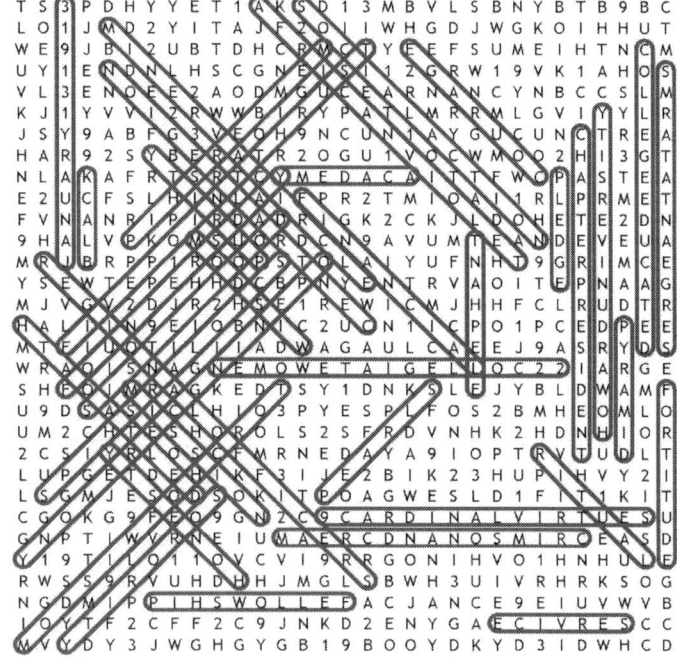

I hope this activity journal has given you the opportunity to bring beautiful memories of your journey to becoming a member of your chosen sorority.

One of Purpose